AF242756

NOTES ET CHIFFRES

CONCERNANT

L'ORGANISATION

DE LA RÉPUBLIQUE

LA QUESTION SOCIALE

LES FINANCES DE L'ÉTAT ET LA LIQUIDATION DE L'EMPIRE

LES FINANCES DE PARIS ET LA REPRISE DES TRAVAUX

PRIX : 1 FRANC

PARIS

A. LE CHEVALIER, LIBRAIRE-ÉDITEUR

61, RUE RICHELIEU, 61

1871

SOMMAIRE

—

AVANT-PROPOS

La France se relèvera bientôt de ses ruines, si, entrant résolûment dans les voies du progrès, elle sait maintenir les institutions républicaines. Une restauration monarchique nous jetterait infailliblement, à bref délai, dans de nouvelles aventures.

Mais les paysans sont hostiles à la République, et de leur côté, les populations ouvrières, se livrant à des agitations stériles, vont effrayer la bourgeoisie.

Déjà nous voyons recommencer la triste comédie de 1848. Les écrivains monarchistes étalent avec complaisance les exagérations de quelques clubistes exaltés, et bientôt nous verrons les conservateurs affolés se jeter aveuglément dans les bras d'un nouveau maître.

Pour agir sur les paysans, il faut s'adresser à leurs intérêts matériels, réduire les charges qui pèsent sur la propriété foncière, supprimer l'impôt du sang.

L'intervention de l'État dans la question sociale aurait des conséquences fatales. Tout ce qu'on peut faire pour les travailleurs, c'est de leur assurer une liberté absolue et d'abolir les impôts de consommation qui leur sont le plus odieux.

En 1848, l'impôt des 45 centimes et les ateliers nationaux ont tué la République. Retomberons-nous dans les mêmes fautes?

Oublierons-nous Sedan après avoir oublié Waterloo? Pour en finir avec la légende napoléonienne, il faut opérer la liquidation des désastres de l'Empire, de manière à en transmettre le souvenir aux générations nouvelles.

L'avenir de la France dépend donc, en définitive, des vues plus ou moins justes que nos hommes politiques apporteront dans l'examen de la question sociale et des questions financières.

Paris exerce une influence considérable sur les destinées de la France. L'étude des mesures propres à y maintenir la tranquillité, nous paraît également avoir une importance capitale.

NOTES ET CHIFFRES

CONCERNANT L'ORGANISATION

DE LA RÉPUBLIQUE

PREMIÈRE PARTIE

—

LA QUESTION SOCIALE

I. — **Etat de la question.**

Crise imminente. — Les nombreuses grèves qui se sont succédé dans ces dernières années sont des symptômes évidents du malaise qui travaille sourdement les classes laborieuses.

Aujourd'hui, les préoccupations patriotiques ont momentanément absorbé l'attention des ouvriers. Mais il ne faut pas se faire d'illusions. Après la guerre, à la crise industrielle et commerciale se joindra une crise sociale terrible.

Aspirations actuelles des classes laborieuses. — Si l'on en jugeait par les discours et les écrits de leurs délégués, les ouvriers en seraient encore aux vieilles théories socialistes.

Mais nous ne croyons pas que ces idées soient partagées par la masse des travailleurs. Dans les grèves de Ricamarie, de Saint-Aubin et du Creuzot, aucune aspiration communiste ne s'est fait jour. Les ouvriers croient qu'ils n'obtiennent pas une juste rémunération de leur travail : voilà, en définitive, leur grief principal.

II. — **Principes élémentaires.**

Le capital et le travail. — La grande querelle entre le capital et le travail n'est au fond qu'une querelle de mots.

L'intelligence, la force matérielle, l'habileté que l'ouvrier apporte dans une industrie constituent un véritable capital. Il y a association entre ce capital et celui que l'entrepreneur fournit sous forme d'instruments.

Répartition des produits. — Sous un régime de liberté, la répartition des produits s'opère naturellement dans des proportions équitables. Lorsqu'un entrepreneur se réserve une part trop forte, ses
ouvriers l'abandonnent; et réciproquement, lorsque ses ouvriers
deviennent trop exigeants, il s'en procure d'autres. Les abus, sous
ce rapport, ne peuvent être ni sérieux ni durables.

Le vrai problème. — C'est donc seulement en produisant davantage que les ouvriers amélioreront leur situation.

Régler les rapports entre le capital-travail et le capital-instruments
de manière à obtenir la plus grande somme de produits possible, tel
est le véritable problème de la science sociale.

III. — Le salariat.

Définition. — Généralement l'ouvrier reçoit, pour la rémunération
de chaque journée de travail, une somme déterminée. Il n'est associé
ni aux risques ni aux bénéfices des entreprises.

Inconvénients du salariat. — En supprimant l'initiative et la responsabilité individuelles, le salariat est un obstacle au développement de la production.

D'un autre côté, l'ouvrier, qui ne participe en rien à la gestion des
entreprises, croit toujours être lésé par son patron. De là une cause
d'antagonisme constant.

Opinion des économistes. — Les économistes préconisent cependant
le salariat comme le mode le plus parfait de rémunération du travail.

Que, dans beaucoup de circonstances, il n'y ait pas d'autre système praticable, nous sommes porté à le croire. Mais il est étrange
de voir les soi-disant partisans de la liberté illimitée condamner d'a-
vance avec passion toute espèce d'essais.

IV. — Les grèves et les coalitions.

*Les unions ouvrières, l'*INTERNATIONALE. — Lorsqu'ils ne peuvent
s'entendre avec leurs patrons, les ouvriers se coalisent et se mettent
en grève.

Il s'est formé, en Angleterre et aux États-Unis surtout, de vastes
unions ouvrières qui alimentent et dirigent les coalitions. On compte,
dans ces deux pays, deux millions d'unionistes avec un fonds de réserve de 400 millions et un revenu annuel de 100 millions.

En France, l'*Internationale* aura bientôt aussi acquis un développement formidable.

Il faut donc s'attendre à voir périodiquement éclater des grèves
qui porteront le trouble dans le monde industriel.

Légitimité des grèves. — Sous l'ancien régime, les règlements pro-

tégeaient les entrepreneurs au détriment des ouvriers, qui ne pou-
vaient s'entendre entre eux sans entrer en révolte contre la loi. En
se plaçant au point de vue de la liberté, on ne peut aujourd'hui con-
tester la légitimité des grèves et des coalitions.

Inefficacité des grèves. — Mais leur efficacité paraît très-probléma-
tique. Aux coalitions d'ouvriers on oppose des coalitions de patrons.

Si les patrons l'emportent, on s'est imposé, en pure perte, de grands
sacrifices.

Si les ouvriers obtiennent une augmentation de salaire, le renchérissement de la main-d'œuvre amène un renchérissement des produits. La hausse s'étendant successivement à toutes les industries,
l'augmentation des salaires est compensée par la cherté des objets de
consommation.

V. — Le socialisme autoritaire.

Engouement des ouvriers. — Comprenant qu'ils ne peuvent rien
attendre des grèves et des coalitions, beaucoup d'ouvriers se rejettent
vers le socialisme.

C'est ainsi que, dans les dernières élections de Paris, nous avons
vu, aux vieux champions de la démocratie, préférer de nouveaux
venus à qui il a suffi de se dire socialistes pour devenir populaires.

Les diverses écoles. — Pour reconnaître combien cet engouement
est peu justifié, nous passerons sommairement en revue les diverses
écoles socialistes aujourd'hui en vogue.

Les associations ouvrières, les banques populaires, l'association du
capital et du travail, s'organisant librement, en dehors de toute intervention de l'État, ne sont point, à proprement parler, des systèmes socialistes. Nous reviendrons plus loin sur ces diverses questions.

Les collectivistes. — Le collectivisme est, sous une dénomination
nouvelle, la résurrection des théories communistes de Platon, Saint-
Simon, Fourier, Cabet, etc.

C'est le système de M. Millière et de la plupart des orateurs en
vogue des clubs.

L'État s'empare de tout et devient entrepreneur général. Il répar-
tit les produits entre les membres de la communauté par portions
égales ou suivant les besoins de chacun; sur ce dernier point, les
formules varient.

Le communisme n'a été appliqué sur une grande échelle qu'à
Sparte et au Paraguay.

A Sparte, une aristocratie égalitaire gouvernant un peuple d'ilotes;

au Paraguay, les jésuites convertissant un peuple d'hommes libres en un troupeau d'esclaves : il n'y a rien là de bien séduisant pour les travailleurs.

Le vice capital de tous les systèmes communistes, c'est d'amoindrir la responsabilité individuelle. Sans aller chercher bien loin des exemples, l'ineptie de notre administration ne nous donne-t-elle pas une juste idée des résultats à attendre d'une transformation qui mettrait toutes les industries aux mains de l'État ?

Les individualistes. — L'individualisme respecte la liberté et la responsabilité de l'individu.

Dans ce système, la société fournit gratuitement les instruments de travail. L'homme dispose librement de ses produits.

Nous ne voyons pas comment la société peut distribuer des instruments de travail sans les avoir enlevés à ceux qui les possèdent, et nous craignons bien qu'au fond il n'y ait pas de différence appréciable entre l'individualisme et le collectivisme.

Les mutuellistes. — Les mutuellistes suppriment le loyer du capital en organisant le crédit gratuit. C'est le système de Proudhon.

Après avoir fait une guerre acharnée aux autres écoles socialistes, Proudhon a essayé l'application de son système. Heureusement pour lui, une apparence de persécution lui a permis de faire une retraite honorable.

Aujourd'hui ses projets sont repris par ses disciples, qui, oubliant les principes du maître, font intervenir l'État dans l'organisation du crédit.

L'État, se substituant à la Banque de France, émettrait des billets au porteur, et ferait l'escompte moyennant une légère redevance représentant seulement les frais d'administration et les risques de pertes.

L'erreur des mutuellistes est de croire qu'on puisse émettre une quantité indéfinie de monnaie fiduciaire. Les billets de banque représentent une partie des valeurs que les particuliers conservent improductivement entre leurs mains. Dans l'état actuel des transactions, l'émission ne peut guère dépasser un milliard. L'État, en se substituant à la Banque, pourrait faire profiter l'industrie du loyer de cette somme. Mais le bénéfice dont profitent aujourd'hui les actionnaires de la Banque ne serait-il pas bientôt englouti par de mauvais placements ? L'administration, qui remplit si mal les modestes fonctions que la société lui assigne aujourd'hui, remplirait-elle mieux les fonctions si complexes et si délicates de banquier général ?

Le montant total des capitaux dépasse, en France, cent cinquante milliards. A côté d'un pareil chiffre, quelle pourrait être l'influence d'un prêt gratuit d'un milliard?

D'ailleurs, à mesure que les institutions de crédit se perfectionnent, les opérations d'échange tendent de plus en plus à s'effectuer au moyen de compensations faites par les banquiers. Le rôle de la monnaie fiduciaire, comme celui de la monnaie métallique, tendant à perdre de plus en plus de son importance, que devient l'échafaudage des mutuellistes?

VI. — Le socialisme religieux et féodal.

Les institutions charitables. — L'expérience démontre qu'en diminuant la responsabilité individuelle, la bienfaisance a pour effet d'accroître dans l'avenir les maux qu'elle a la prétention de soulager. Les institutions charitables ne peuvent donc être que des palliatifs impuissants.

Le christianisme a toujours vu dans le renoncement la solution de la question sociale. « User de la richesse dans une mesure harmonieuse... » Telle est la théorie professée à Notre-Dame par le père Félix. On croirait lire un chapitre des œuvres de Fourier.

Le système de M. Leplay. — Ce que M Leplay propose, dans son organisation du *travail selon la coutume des ateliers et la loi du décalogue,* c'est, en langage vulgaire, le retour aux institutions féodales. Les ouvriers, dans ce système, deviendraient purement et simplement les serfs des chefs d'industrie.

VII. — Associations ouvrières.

Sociétés de coopération. — En principe, les avantages qu'offrent les associations ouvrières sont incontestables. Le salariat affaiblit le ressort de l'activité individuelle, et l'ouvrier qui n'est pas stimulé par l'intérêt personnel ne fait qu'un emploi incomplet de son temps et de ses facultés.

Si, malgré ces avantages, les associations coopératives ont éprouvé de nombreux échecs, cela tient à diverses causes.

Nous ne nous arrêterons pas aux difficultés provenant de l'inégalité des apports et de l'insuffisance des capitaux. Avec un peu de bon vouloir, on fera au capital une part équitable, en tenant compte de tous les risques, et une association formée de bons ouvriers obtiendra facilement du crédit.

Mais, sur quelles bases se fera la répartition des bénéfices entre les associés? Si on sort de l'égalité absolue, on tombe dans de grandes complications; or, dans la société la mieux recrutée, il existe toujours des inégalités très-sensibles.

Les associés trouveront-ils facilement parmi eux un gérant offrant les conditions voulues de capacité, de moralité et de dévouement?

A ces causes d'insuccès, viennent s'ajouter les entraves apportées par la législation à la propagation de saines idées sur les rapports si complexes du capital et du travail.

Un certain nombre de sociétés coopératives ont néanmoins pu prospérer, et, s'il ne faut pas voir, dans le principe de l'association, une panacée universelle, on doit au moins reconnaître qu'il y a là une issue pour les aspirations d'une partie des classes laborieuses.

Sociétés de consommation. — Les sociétés de consommation achètent les matières en gros pour les vendre en détail à leurs membres. Leurs opérations sont très-simples, et leur organisation présente beaucoup moins de difficultés que celle des sociétés de production.

En supprimant les intermédiaires, elles réalisent des économies considérables au profit de leurs membres. Mais, si elles contribuent à améliorer la situation des classes laborieuses, il faut bien reconnaître qu'elles ne peuvent avoir qu'une influence très-indirecte sur les rapports du capital et du travail.

A côté des sociétés de consommation proprement dites, il faut placer les sociétés d'habitation, qui ne sont en réalité que des espèces de caisses d'épargne perfectionnées.

C'est en Angleterre que les sociétés de consommation ont pris le plus grand développement. On y compte 200,000 adhérents, avec un capital de 50 millions. En vendant les objets à 20 0/0 au-dessous des cours, ces sociétés peuvent encore distribuer des dividendes de 10 0/0.

VIII. — Banques populaires.

L'Etat et le crédit populaire. — Des monts-de-piété, prêtant sur gages au taux de 10 à 15 0/0, tel paraît être le dernier mot de l'intervention de l'Etat en matière de crédit populaire.

C'est dans les institutions libres de l'Ecosse et de l'Allemagne qu'il faut aller chercher les vrais principes de l'organisation des banques destinées à venir en aide aux travailleurs.

Banque d'Ecosse. — En Ecosse, 13 banques avec 615 succursales, en répandant les bienfaits du crédit sur toute la surface du pays, ont exercé une influence considérable sur les conditions matérielles et morales des classes laborieuses. Lorsqu'un ouvrier, un artisan veut obtenir un crédit, il suffit que deux ou trois de ses amis, déjà clients de la banque, se portent garants pour lui.

Banques d'avances allemandes. — En Allemagne, les banques

d'avances comptent 400,000 associés avec un capital de 50 millions. Le montant des sommes qui leur sont confiées par des capitalistes non associés, atteint 200 millions. Les avances faites annuellement aux travailleurs dépassent 600 millions. L'intérêt est ordinairement de 5 0/0 par an, plus 1/4 0/0 de consommation par trimestre. Ce taux est assez élevé ; mais il faut observer que les dividendes distribués font rentrer les sociétaires dans la plus grande partie des intérêts qu'ils payent ; en 1866, les dividendes ont atteint environ 8 0/0.

Essais en France. — En France, l'organisation du crédit populaire est très-arriérée. Cela tient à ce que, par suite des entraves apportées au droit de réunion et à la liberté de la presse, les travailleurs n'ont pu suffisamment s'éclairer sur les vrais principes du crédit. C'est ainsi que la Société de *Crédit au travail*, qui avait pris un certain développement, a dû se dissoudre en 1868, parce qu'elle avait commis la faute d'immobiliser ses capitaux en commanditant une entreprise qui n'a pas réussi.

De la gratuité du crédit. — On a, de tout temps, beaucoup disserté sur la légitimité de l'intérêt. C'est une discussion oiseuse. Que, par une bonne organisation du crédit, on trouve le moyen de fournir des capitaux à bas prix, et les capitalistes prêteront à un faible intérêt. Toute la question est là.

Parviendra-t-on à réduire notablement le taux actuel de l'intérêt ? Pour que le loyer diminue, il faut que la masse des capitaux disponibles augmente en plus forte proportion que la demande : telle est la loi à laquelle aucune réforme ne permettra d'échapper.

Au fond, la question de gratuité du crédit n'a du reste pas l'importance qu'on y attache ; le travailleur lui-même ne livre-t-il pas ses services à crédit, et si tout le monde est à la fois emprunteur et prêteur, si le crédit ouvert à chacun est proportionnel au capital-instruments ou au capital-travail qu'il représente, quel intérêt y a-t-il à réduire indéfiniment le loyer ?

IX. — Association du travail et du capital.

Rôle prépondérant du capital dans l'industrie moderne. — L'industrie tend de plus en plus à se concentrer dans de grands établissements auxquels le perfectionnement de l'outillage et la division du travail assurent des avantages considérables. Loin de diminuer, le rôle du capital paraît appelé à devenir de plus en plus prépondérant.

Les associations ouvrières proprement dites ne peuvent donc être considérées comme une solution complète des redoutables problèmes qui se posent aujourd'hui.

Essais d'association du capital et du travail. — Mais ne peut-on arriver à une conciliation des intérêts en associant le capital au travail ?

Un certain nombre d'essais ont été tentés dans cette voie nouvelle, et les résultats obtenus jusqu'ici paraissent très-favorables.

En Angleterre, de grandes compagnies houillères admettent les ouvriers à la participation des bénéfices. Stuart Mill a constaté, chez les mineurs associés, des conditions exceptionnelles de bien-être matériel et d'élévation morale. Les propriétaires des mines déclarent, de leur côté, qu'ils ont obtenu un accroissement considérable de bénéfices.

En France, nous trouvons aussi des exemples très-nombreux et très-variés de l'association du capital et du travail.

Objections des économistes. — Y a-t-il, dans ce mouvement qui commence à se dessiner, les éléments d'une solution ?

Les doctrinaires de l'économie politique le nient.

Suivant eux, en dehors du salariat proprement dit, il n'y a qu'utopie. Théoriquement, nous avons dit plus haut combien une telle affirmation est contestable. En pratique, les industriels qui ont admis leurs ouvriers à la participation des bénéfices, sont unanimes pour reconnaître les avantages de ce système, et l'enquête de 1866 a établi que l'ouvrier associé produit 33 0/0 de plus que le salarié.

Les économistes objectent encore que, courant seuls des risques, les capitalistes doivent seuls participer à la direction des entreprises. Y aurait-il de grands inconvénients à ce que les ouvriers, intéressés au succès d'une entreprise, eussent des délégués dans le conseil d'administration ? Dans les grandes compagnies, loin de se plaindre de cette immixtion, les actionnaires n'y trouveraient-ils pas des garanties très-sérieuses contre les tripotages ? Sur ce point encore, les faits condamnent d'ailleurs les doctrines surannées de MM. Molinari et consorts. MM. Briggs, propriétaires de grandes mines de houille, n'ont pas craint d'admettre un ouvrier parmi les directeurs de leur compagnie.

Si les ouvriers participent aux bénéfices, n'est-il pas juste qu'ils participent aux pertes ? On répond à .cette dernière objection en ne distribuant qu'une partie des bénéfices et en constituant des réserves destinées à parer à toutes les éventualités.

DEUXIÈME PARTIE

—

LES FINANCES DE L'ÉTAT

I. — Théorie de l'impôt.

Définition de l'impôt. — Sous l'ancien régime, l'impôt était destiné à satisfaire non-seulement à des besoins réels, mais encore aux fantaisies et aux prodigalités des rois et des classes privilégiées. Le travailleur était *taillable et corvéable à merci*; la science fiscale consistait simplement à lui prendre tout ce qui ne lui était pas absolument indispensable.

Selon le droit moderne, les citoyens confient à l'un ou à plusieurs d'entre eux la mission de protéger leur liberté, leurs propriétés, de gérer les affaires d'intérêt général. *Chacun doit payer à l'État en proportion des services qu'il en reçoit.*

Quotité de l'impôt. — Autrefois l'impôt n'avait d'autre limite que la puissance de production du travailleur. *On lui faisait rendre tout ce qu'il pouvait donner.*

Aujourd'hui, la question est moins simple. La quotité de l'impôt dépend de l'importance des attributions qu'on assigne à l'État.

Obligé de recourir à un grand nombre de fonctionnaires dont la responsabilité individuelle n'est pas en jeu, l'État fait généralement un très-mauvais emploi des deniers publics. L'impôt, dit Michel Chevalier, consomme ainsi la substance de l'amélioration populaire. »

On doit donc s'attacher à réduire au strict nécessaire les attributions de l'État, et à ne lui confier que les services dont l'industrie privée ne peut se charger.

Malheureusement, nos gouvernants ont une tendance continuelle à exagérer l'étendue de leurs fonctions, et en cela ils sont secondés par les préjugés du peuple, qui est habitué à tout attendre de l'administration.

Répartition de l'impôt. — Pour grossir leurs recettes, les gouvernements ont de tout temps cherché à atteindre le capital et le travail dans leurs manifestations les plus variées.

Avant 1789, il y avait des impôts sur toutes choses, sur tous les actes de la vie. Les taxes étaient devenues si compliquées, que les recettes nettes atteignaient à peine 30 0/0 des sommes acquittées par les contribuables.

Un grand nombre de droits odieux ont disparu en même temps que la féodalité. Mais le fisc atteint encore, sous diverses formes, le capital, le revenu, le travail, les consommations.

Pour l'établissement de ces diverses taxes, la science fiscale se préoccupe d'ailleurs assez peu de la question d'équité. Elle s'attache seulement à frapper les contribuables sans provoquer de réclamations.

II. — Impôts actuels.

Impôt foncier. — L'impôt foncier est très-inégalement réparti. On estime que, pour certaines propriétés, il ne dépasse pas 2 0/0 du revenu, tandis que, pour d'autres, il atteint 20 0/0. On ne tient d'ailleurs pas compte, dans la fixation de l'impôt foncier, des créances hypothécaires. Il en résulte que, pour certains propriétaires obérés, les charges dépassent le revenu net.

Portes et fenêtres. — L'impôt des portes et fenêtres frappe indistinctement toutes les ouvertures des habitations riches ou pauvres d'une même commune. Pour y échapper, les habitants des campagnes se privent de lumière et d'air.

Contribution personnelle et mobilière. — La contribution personnelle est uniforme dans chaque commune.

La contribution mobilière est basée sur le loyer. Elle frappe une seconde fois le revenu foncier.

Patentes. — La contribution des patentes est fixée d'après la nature du commerce ou de l'industrie, la population des villes et la valeur locative des bâtiments occupés. C'est un impôt sur le travail.

Enregistrement et hypothèques. — L'enregistrement cherche à atteindre tous les mouvements de capitaux.

Dans les transmissions par voie de succession et de donation, l'État s'empare d'une partie de la valeur léguée. C'est une atteinte au droit d'hérédité; mais, au point de vue économique, il faut reconnaître que l'impôt sur les successions ne pèse que très-indirectement sur la production.

L'impôt sur les transmissions à titre onéreux est dix fois plus lourd pour la propriété foncière que pour la propriété mobilière. Cette inégalité n'est guère justifiable.

Les droits d'enregistrement sur les emprunts hypothécaires et sur les baux sont des charges sérieuses pour l'industrie et pour l'agriculture.

Timbre. — L'impôt du timbre n'est pas assez élevé pour entraver les transactions.

Les droits de timbre sur les journaux et imprimés paraissent définitivement condamnés.

Impôts sur les boissons et sur le sel. — L'impôt sur les boissons est le plus impopulaire de tous. Il est réparti très-inégalement et contre toute règle d'équité. Tandis que, y compris les droits d'octroi, les gros vins du Midi, rendus à Paris, payent 300 0/0 de leur valeur, les vins fins payent à peine 4 0/0.

L'impôt sur le sel est de 10 centimes par kilogramme, soit 50 0/0.

Nous n'insisterons pas sur les vices des impôts des boissons et du sel. Tout a été dit à ce sujet. Les hommes d'État eux-mêmes ne leur reconnaissent qu'un avantage, c'est d'être payés en détail par les consommateurs, qui ne s'aperçoivent pas de leur énormité.

Droits de douanes, droits sur les sucres, droits divers. — Les droits de douanes rentrent dans la catégorie des impôts de consommation. Ils ont pour effet d'accroître la valeur des marchandises au détriment des consommateurs. Mais, réduits comme ils le sont aujourd'hui, ils semblent pouvoir être tolérés.

On peut en dire autant des droits sur les sucres, qui, jusqu'à certain point, peuvent être considérés comme atteignant principalement les classes aisées.

Les autres droits perçus par l'administration des contributions indirectes ont relativement peu d'importance.

Monopoles exploités par l'État. — Les monopoles au profit du fisc peuvent être justifiés lorsqu'ils ne s'appliquent pas à des objets de première nécessité.

Les droits considérables qui frappent le tabac, la poudre, etc., ne sauraient être remplacés par des impôts plus équitables.

Revenus divers. — Nous classons sous ce titre les produits des postes, des télégraphes, des forêts, des prisons, les revenus de l'Algérie, les retenues affectées au service des pensions, etc.

Produit normal des impôts actuels. — Nous prenons les chiffres du budget de 1869 pour base d'appréciation du produit normal des impôts actuels.

	Millions.
Impôt foncier...	170
Contribution personnelle et mobilière...............	55
Portes et fenêtres.....................................	40
Patentes..	65
Enregistrement...	350
Timbre..	85
Boissons et sel..	265
Droits de douanes, etc................................	245
Monopoles exploités par l'État........................	260
Revenus divers...	245
Total...................	1,780

III. — Projets de réformes.

Incidence des impôts. — Lorsqu'on passe en revue les divers impôts, on reconnaît qu'ils se ramènent généralement à des taxes de consommation.

L'impôt foncier entre dans les frais de production des denrées agricoles et en augmente le prix. L'impôt sur les portes et fenêtres est à la charge des locataires. Les industriels et les commerçants sont obligés d'élever le prix des marchandises pour se couvrir de la taxe des patentes.

L'impôt sur les successions est peut-être le seul qui ne retombe pas plus ou moins directement sur les consommateurs.

Remarquons d'ailleurs que les impôts portent principalement sur les objets de première nécessité. Il en résulte qu'en définitive, tous les consommateurs, riches ou pauvres, sont à peu près également atteints.

Loin de s'apitoyer, des hommes d'État s'applaudissent de ce résultat.

« Comme la misère et l'ignorance sont fortement enracinées, les artifices qui dérobent à la plupart des citoyens le chiffre exact des taxes qu'ils acquittent ne cesseront pas de longtemps d'être licites... »

C'est M. de Parieu, l'économiste financier de l'empire, qui s'exprime ainsi. Au fond, c'est la vieille maxime de la fiscalité féodale : *Plumer sa poule sans la faire crier.*

Les théoriciens économistes ne sont pas d'aussi bonne composition que les hommes d'État. Résumant les opinions d'Adam Smith et de J.-B. Say, M. J. Garnier reconnaît que le principe de la proportionnalité appliqué aux impôts actuels aboutit à une *monstrueuse inégalité.*

Est-il possible d'arriver à une plus juste répartition de l'impôt?

De nombreux projets de réformes ont été étudiés. Nous les examinerons rapidement.

Impôt progressif. — Proudhon a attaqué vigoureusement le principe de la progressivité.

« L'impôt progressif, suivant lui, se résout, quoi qu'on fasse, en une confiscation, à moins que ce ne soit, pour le peuple, une mystification. »

A l'appui de cette thèse, Proudhon imagine deux progressions, l'une extrêmement lente et l'autre très-rapide. Dans le premier cas, l'amélioration, pour le pauvre, est insignifiante. Dans le second cas, l'impôt atteint rapidement un taux exorbitant.

S'il l'avait voulu, Proudhon aurait facilement trouvé la formule d'une progression s'élevant d'une manière continue avec le revenu, sans jamais atteindre un maximum donné.

Nous opposerons à Proudhon un économiste ultra-conservateur, Léon Faucher, qui admet la progressivité dans certaines limites :

« Mais les taxes qui ne frappent le revenu que pour atteindre la consommation, devraient être progressives. Il paraît équitable que celui qui, grâce à ses talents, à ses biens-fonds ou à ses capitaux, se donne et procure aux siens toutes les jouissances de luxe, paye à l'Etat un tribut proportionnellement plus considérable que celui qui n'a que le produit du travail quotidien pour nourrir et pour élever sa famille. »

A Paris, on applique le principe de la progressivité à l'impôt mobilier, et bien que la progression présente des échelons qui rendent la répartition très-vicieuse, le principe est parfaitement accepté.

Mais, si la progressivité nous paraît juste en théorie, nous croyons que le moment serait mal choisi pour essayer de l'appliquer d'une manière générale.

On sait avec quelle facilité les intérêts s'alarment aux époques de révolutions. Les adversaires des institutions républicaines ne manqueraient pas de critiquer le principe de la progressivité comme une mesure communiste, et il deviendrait très-difficile de rassurer la bourgeoisie à cet égard.

Impôt unique sur le capital. — M. de Girardin propose de remplacer tous les impôts par un impôt unique sur le capital mobilier et immobilier.

On reproche à ce système de taxer uniformément tous les capitaux, sans avoir égard aux revenus plus ou moins élevés qu'ils produisent. Cette objection ne nous paraît pas fondée. Le capital laissé improductif n'a pas moins besoin de la protection de l'Etat que le capital productif, et on ne voit pas pourquoi il payerait moins.

Mais les capitalistes, propriétaires, cultivateurs, industriels, commerçants, feront toujours entrer l'impôt dans les prix de revient de leurs produits, et la charge retombera comme aujourd'hui sur le consommateur.

Le système si radical en apparence de M. de Girardin n'améliorerait donc pas sérieusement la situation des classes laborieuses.

En 1850, 1851 et 1869, MM. Pelletier, Sauteyra et Laroche-Joubert ont présenté des projets de loi rentrant dans le système de M. de Girardin.

Impôt sur les valeurs mobilières. — En 1848, M. Goudchaux avait proposé un impôt de 3 0/0 sur le revenu mobilier ; il en évaluait le produit à 60 millions.

Jusqu'à ces derniers temps, on n'était plus revenu sur la question.
Mais deux nouveaux projets d'impôts sur les valeurs mobilières ont
été récemment présentés par M. Cochery et par M. du Miral.

Il est bien certain que l'exemption d'impôts dont ont joui jusqu'ici
les valeurs mobilières, est peu justifiable.

Les adversaires des impôts sur les valeurs mobilières font valoir
que la plupart de ces valeurs ont été créées en vertu de contrats pas-
sés avec l'Etat, et que les frapper d'un impôt, ce serait toucher à ces
contrats. L'objection serait fondée si les dépenses de l'Etat n'étaient
pas toujours allées en croissant depuis la création des valeurs mobilières. Les porteurs de valeurs mobilières ne sont-ils pas respon-
sables, au même titre que les autres contribuables, des folles entreprises du gouvernement?

Impôt sur le revenu. — En 1849, M. H. Passy avait remplacé le
projet d'impôt sur les valeurs mobilières de M. Goudchaux par un
projet d'impôt sur tous les revenus mobiliers ou immobiliers. L'impôt, fixé à 1 0/0, devait produire 60 millions. C'était une nouvelle charge pour la propriété foncière. Le projet fut retiré par
M. Fould.

Dans la dernière session, M. Haentjens a proposé d'établir un
impôt de 2 0/0 sur tout revenu dépassant 1200 francs; il évalue
le produit de cet impôt à 200 millions. Le produit de la nouvelle
taxe serait employé, jusqu'à concurrence de 25 0/0, au dégrève-
ment des quatre contributions directes, et pour 75 0/0 à la diminution
des impôts de consommation.

Impôt sur la rente foncière. — Après avoir critiqué tous les
systèmes d'impôts, Proudhon a dû produire le sien.

Il fixe d'abord un maximum de dépenses qu'il porte au vingtième
du revenu brut annuel total évalué à 10 milliards, soit 500 millions.

Proudhon ne dit pas comment il arrive à ce chiffre de 500 millions.
Nous ne voyons pas bien par quel procédé, après avoir racheté les
chemins de fer et d'autres monopoles, en portant ainsi la dette annuelle à plus de 1 milliard, on peut réduire le budget des dépenses
à 500 millions. Mais nous passons sur ce point.

Voici comment Proudhon fait face à sa dépense de 500 millions.

	Millions.
Impôt de 1/6 sur la rente foncière, évaluée à 1800 millions	300
Chemins de fer, banques, postes, télégraphes, etc.	100
Impôts de consommation, enregistrement, timbre, etc.	100
Total	500

La recette de 500 millions peut être insuffisante ; Proudhon tranche très-simplement cette difficulté en portant l'impôt sur la rente foncière à 1/3, 1/2, 3/4, etc.

Que le gouvernement républicain laisse entrevoir de pareilles idées, que les paysans aient un instant de crainte de se voir enlever plus de la moitié de leur revenu, et avant peu nous aurons une nouvelle monarchie.

Inconvénients politiques des remaniements d'impôts. — Tout remaniement d'impôts présente de graves inconvénients au point de vue politique, surtout aux époques de révolution, lorsque les intérêts sont alarmés. « Autant, dit H. Passy, les populations applaudissent à l'abolition de chacune des contributions qu'elles ont à payer, autant elles sont disposées à se courroucer contre toute contribution nouvelle. »

Un nouveau gouvernement doit donc être très-sobre d'innovations en matière d'impôts. Il ne peut, sans compromettre son existence, proposer autre chose que des dégrèvements ou des mesures atteignant seulement un nombre très-restreint de privilégiés.

En 1848, M. Garnier-Pagès a tué la République avec l'impôt des 45 centimes. C'était un acte honnête, mais complétement impolitique.

IV. — Attributions de l'État.

Principes fondamentaux. — Réduction poussée aussi loin que possible des attributions de l'État, substitution de l'initiative individuelle à l'action léthifère de l'administration : telles sont les bases fondamentales d'une bonne organisation.

Pas de liberté, pas de progrès possible avec une centralisation qui tient le citoyen sous une tutelle énervante.

Pas d'allégement sérieux dans les charges qui pèsent sur les classes laborieuses, si on n'élague du budget toutes les dépenses improductives.

Nous avons devant nous deux exemples d'institutions républicaines, les États-Unis et la Suisse. C'est là qu'il faut chercher les bases de notre régénération.

Pouvoir central. — Un ministre principal, choisi par l'Assemblée nationale, et toujours révocable, tel est évidemment le seul système qui puisse nous mettre à l'abri de nouvelles entreprises monarchiques.

Intérieur. — Les départements et les communes, complétement émancipés, géreront leurs affaires en dehors de toute intervention du pouvoir central.

Justice. — L'organisation judiciaire exige des réformes radicales. On devra surtout étendre beaucoup les attributions du jury.

Cultes.— Toute immixtion de l'État dans les questions religieuses est une cause de troubles et une atteinte à la liberté des cultes.

En principe, les dépenses des cultes devraient être exclusivement supportées par des associations volontaires.

Mais, pour éviter de choquer des préjugés fortement enracinés, il vaudra peut-être mieux autoriser les communes à pourvoir aux besoins du culte. Les dépenses pourront être prélevées sur le produit des impôts dont l'État fera l'abandon.

Affaires étrangères. — Notre diplomatie a fait ses preuves à Berlin.

Contentons-nous d'agents consulaires modestement rétribués, et choisis, autant que possible, parmi les plus honorables industriels des villes étrangères. Nos nationaux seront ainsi beaucoup plus efficacement protégés.

Guerre et marine. — L'affreuse expérience que nous venons de faire aura au moins eu pour résultat de nous convaincre qu'une armée permanente ne peut être qu'un instrument de despotisme.

Nous sommes forcément amenés à adopter le système des cantons suisses, où tous les citoyens reçoivent l'instruction militaire et sont appelés aux armes lorsque la patrie est menacée.

Instruction publique. — L'instruction gratuite à tous les degrés, l'instruction primaire obligatoire : tous les républicains sont d'accord sur ces deux points.

Travaux publics. —Liberté absolue pour les entreprises d'intérêt général, tel est le seul moyen de soustraire le public à l'omnipotence des grandes compagnies.

Sciences, lettres, arts, agriculture, industrie, commerce. — Dans toutes les questions qui touchent au développement intellectuel ou matériel d'une nation, l'action énervante de l'administration ne peut avoir d'autre résultat que d'entraver la marche du progrès.

Organisation des ministères. —Ainsi réduites, les attributions de l'État peuvent être réparties entre cinq ministères, savoir :

1º Ministère principal, justice, affaires étrangères, intérieur ;

2º Guerre et marine ;

3º Instruction publique, lettres, sciences et arts ;

4º Travaux publics, agriculture, industrie et commerce ;

5º Finances.

V. — Budget des dépenses.

Millions.

Ministère principal, justice, affaires étrangères, intérieur.
— Indemnités des députés et du ministre principal... ...   6

Justice, comme en 1869.....................   33

Pour ses affaires étrangères, la Suisse, qui est très-bien représentée à l'extérieur, dépense 200,000 francs. Nous portons cinq fois plus.........................   1

Du budget de l'intérieur, nous retranchons ce qui concerne les préfectures, sous-préfectures et la police; nous reportons au ministère des finances les dépenses des télégraphes; il reste.........................   30

Total des dépenses du ministère principal.....   70

Guerre et marine. — La Suisse dépense 6,500,000 francs pour une armée de 200,000 hommes.

Pour 2 millions d'hommes pouvant prendre part efficacement à la défense du pays, nous dépenserions...........   65

Pour avoir toujours un armement aussi perfectionné que possible, nous fabriquerions chaque année 200,000 fusils et 1,000 canons, soit une dépense de....................   25

Construction de camps retranchés....................   15

Algérie, comme en 1869.........................   15

Marine, comme aux États-Unis.....................   30

Total des dépenses de la guerre et de la marine....   150

Instruction publique, lettres, sciences et arts. — Nous doublons le chiffre porté au budget de 1869............   50

Travaux publics, agriculture, commerce et industrie. — Nous maintenons les prévisions du budget des travaux publics de 1870, y compris les travaux extraordinaires....   115

Les économies qu'il sera possible de réaliser sur certains chapitres, permettront de faire face aux dépenses des relevés statistiques concernant l'agriculture, le commerce et l'industrie.

Finances. — Pour la dette publique et la dette viagère, nous prenons les chiffres du budget de 1869, en y ajoutant 30 millions pour pensions à payer aux fonctionnaires supprimés.........................   500

Cette somme ne comprend pas les intérêts des emprunts

A reporter........   500

Millions.
Report........ 500

contractés ou à contracter pour la guerre actuelle, et qui seront l'objet d'un chapitre spécial,

Comme nous le dirons plus loin, nous proposons de supprimer les contributions directes ainsi que les droits sur les boissons et sur le sel. Il en résultera, dans les frais de perception des impôts, une économie de 45 millions, qui sera réduite à 35 millions par suite de l'adjonction de l'administration des télégraphes au ministère des finances. Le montant des dépenses de trésorerie, de perception et d'exploitation des impôts et revenus publics sera ainsi ramené à...   230

La caisse d'amortissement était une fiction ridicule sous un gouvernement qui ne pouvait faire face à ses dépenses sans recourir chaque année à de nouveaux emprunts. Nous la supprimons pour reporter au budget du ministère des finances les garanties d'intérêt à payer aux compagnies de chemins de fer, les annuités diverses et les achats de rentes pour la caisse de retraite de la vieillesse montant ensemble à   55

Total des dépenses du ministère des finances......   785

Dépense totale. — En résumé, les dépenses indispensables peuvent être évaluées comme il suit :

1° Ministère principal, justice, affaires étrangères, intérieur	70
2° Guerre et marine	150
3° Instruction publique, sciences, lettres et arts	50
4° Travaux publics, agriculture, commerce et industrie.	115
5° Finances	785

Montant général du budget des dépenses........ 1170

VI. — Budget des recettes.

Bases d'évaluation. — C'est de ce chiffre de dépenses de 1,170 millions que nous sommes parti pour chercher à équilibrer les dépenses et les recettes.

Pour le rendement des divers impôts, nous avons dû nous baser sur les résultats d'une année normale.

Il est bien certain qu'à la suite de l'horrible crise que nous traversons, on aura à constater, pendant deux ou trois années peut-être, un déficit considérable sur plusieurs branches du revenu public. On devra combler ce déficit au moyen d'aliénations de propriétés domaniales.

Impôts directs. — Nous avons vu plus haut combien les **quatre** contributions directes sont peu équitablement réparties.

Leur suppression nous paraît nécessaire pour intéresser au maintien de la République, les 10 millions de contribuables qu'elles frappent.

Il faut observer d'ailleurs que la propriété foncière, comme la richesse mobilière, aura une lourde charge à supporter dans la liquidation de l'Empire.

Millio

Enregistrement et hypothèques.—Nous maintenons la recette des droits d'enregistrements et d'hypothèques à... 350

Nous pensons cependant qu'il y aura lieu de répartir plus également les charges entre la propriété foncière et les valeurs mobilières.

Timbre. — La suppression des droits sur les journaux et sur certaines catégories de transactions pourra amener dans les produits du timbre une réduction de 15 millions ; il restera... 70

Boissons et sels. — La suppression de l'impôt des boissons est aussi vivement réclamés par une partie des habitants des campagnes que par les ouvriers des villes. Ce sera une mesure très-populaire.

Il en est de même de l'impôt du sel.

Droits de douanes, etc. — Les droits de douanes, les droits sur les sucres, les droits divers perçus par l'administration des contributions indirectes seront intégralement maintenus... 245

Monopoles de l'Etat. — Il est également impossible d'apporter aucun changement aux droits perçus, sous forme de monopole, et qui rapportent......................... 260

Revenus divers.—Pour les revenus divers, nous portons le chiffre normal de..................................... 245

Mais nous ferons remarquer que, dans les années qui vont suivre, ce chiffre devra très-vraisemblablement être augmenté dans une forte proportion, au moyen d'aliénation d'immeubles, pour faire face aux déficits qui se produiront sur les autres chapitres.

Millions.

Recettes totales. — Enregistrement et hypothèques.... 350
Timbre... 70
Douanes, etc.. 245
Monopoles exploités par l'Etat...................... 260
Revenus divers...................................... 245

Montant total des recettes................... 1170

Budgets des départements et des communes. — Les départements et les communes n'auront à pourvoir qu'à leurs charges actuelles augmentées des dépenses des cultes. Une partie des impôts directs abandonnés par l'Etat pourra être maintenue à leur profit, et leur situation financière sera notablement améliorée.

Il va se présenter toutefois, pour les villes, une difficulté. La suppression des octrois est le complément nécessaire de la suppression de l'impôt des boissons. Il en résultera de graves perturbations dans les finances municipales. Dans quelques grandes villes, il y aura probablement lieu de remplacer l'octroi par un impôt sur les oyers. (Voir, plus loin, *Finances de la ville de Paris.*)

VII. — Liquidation de l'Empire.

Pour ôter aux populations le goût des aventures monarchiques, il est bon de leur laisser un souvenir amer de la liquidation de l'Empire.

Il ne serait pas juste d'ailleurs de mettre à la charge de nouvelles générations le poids de nos fautes.

Ce n'est donc pas par des emprunts, mais par un prélèvement sur tous les capitaux fonciers et mobiliers qu'on doit solder les frais de la guerre.

En y comprenant les indemnités à payer aux provinces ravagées, on ne peut pas compter sur une dépense totale de moins de 6 à 8 milliards.

La richesse mobilière et immobilière de la France est évaluée à 150 milliards. C'est donc de 4 à 6 0/0 de sa fortune que chacun aurait à payer.

Pour beaucoup, au milieu de nos désastres, un payement immédiat serait la ruine. Mais on pourrait accorder, à tous ceux qui en feraient la demande, la faculté de se libérer par annuités, suivant le système adopté par le Crédit foncier.

Une hypothèque spéciale, portant sur une partie de la propriété de chacun, garantirait le payement des annuités. Ce serait un stigmate qui resterait attaché à la légende napoléonienne.

TROISIÈME PARTIE

—

LES FINANCES DE PARIS

I. — Situation financière de la Ville.

La dette. — Pour masquer ses opérations et pour cacher des embarras toujours croissants, M. Haussmann avait imaginé des combinaisons financières très-compliquées, au milieu desquelles il a fini par s'égarer lui-même. Il est donc très-difficile de se rendre exactement compte de la situation de la ville.

Mais les derniers rapports de M. Chevreau et des commissions du Corps législatif, permettent d'évaluer l'intérêt de la dette municipale consolidée à 35 millions.

Le Conseil d'Etat avait reconnu que, pour arriver à une liquidation complète, pour rembourser les sommes dues au Crédit foncier et pour terminer les travaux les plus urgents, un nouvel emprunt de 520 millions était nécessaire. Ce chiffre sera porté à la fin de la guerre à plus de 800 millions.

Les charges annuelles de la dette s'élèveront donc au minimum à 80 millions.

Dépenses. — Le total général des dépenses portées au budget ordinaire de 1870 est de 134 millions. Mais les charges de la dette n'y sont comprises que pour 46 millions. Si on a égard aux nouveaux emprunts, on arrive à un minimum de 170 millions environ.

Recettes. — Les recettes ordinaires étaient évaluées pour 1870 à 171 millions, dont 110 millions provenant de l'octroi.

Mais que vont devenir ces prévisions? Pour nous en faire une idée, étudions l'influence que peut avoir la crise sur les principaux articles de recettes.

Si on compare les consommations de 1848 à celles de 1847, on trouve les diminutions suivantes :

          Boissons......................... 20 0/0
          Comestibles...................... 43 »

En admettant que l'influence de la crise actuelle ne soit pas plus grave que celle de la crise de 1848, on éprouverait, en 1871, sur le produit de l'octroi, une réduction de 30 millions et sur les autres chapitres du budget des réductions d'au moins 10 millions. On ne doit donc pas compter, avec les taxes actuelles, sur un revenu de plus de 130 millions. — Le déficit serait ainsi de 30 millions.

Nous ferons remarquer toutefois qu'après la Révolution de 1848, les consommations ont repris rapidement leur marche ascendante, et que, dès 1852, on constatait, pour les vins, une augmentation de 25 0/0 comparativement aux chiffres de 1847. Il y a donc lieu d'espérer que le déficit ne sera que momentané.

II. — L'œuvre de M. Haussmann.

La transformation de Paris était-elle nécessaire? — Il était de mode, dans ces dernières années, de faire de M. Haussmann le bouc émissaire de l'empire. Son œuvre est cependant peut-être la seule du règne de Napoléon III qui puisse, dans une certaine mesure, être justifiée.

La construction des chemins de fer a amené dans la circulation un accroissement énorme. Sur les grandes voies, le nombre de voitures a quadruplé depuis 1850. Le mouvement de voyageurs en omnibus et sur les lignes de banlieue a augmenté dans la même proportion. Le nombre des accidents s'est accru encore plus vite, et on compte aujourd'hui dix victimes par jour.

Des idées qui ont prédominé dans le plan des travaux. — En présence de pareils faits, l'ouverture de nouvelles voies était indispensable, et on n'aurait aucun reproche à adresser à M. Haussmann, s'il n'avait consulté que les besoins de la circulation. Malheureusement, il a cédé trop souvent à des considérations stratégiques, à des idées de faste et peut-être aussi aux suggestions intéressées de spéculateurs haut placés.

Pendant qu'on bouleversait le riche quartier de la Chaussée-d'Antin pour créer un désert autour du nouvel Opéra, pendant qu'on accumulait les percements dans le quartier du Trocadéro, où la population est de moins de 100 habitants par hectare, on ne faisait rien pour assainir les quartiers Bonne-Nouvelle et Saint-Gervais, qui comptent 1,200 habitants par hectare; on ne songeait pas à rendre la circulation moins meurtrière dans les rues Montmartre, du Four-Saint-Germain et Saint-André-des-Arts; on obstruait même l'entrée déjà trop étroite de la rue Saint-Antoine, sur la place de la Bastille.

Pas plus que M. Haussmann, M. Chevreau, son successeur, n'a su du reste se soustraire à des influences fâcheuses. C'est ainsi que, dans le budget extraordinaire voté à la fin de juillet dernier, sur 38 millions de travaux jugés particulièrement indispensables, on voit figurer 8 millions pour l'avenue d'Eylau et le quartier Marbeuf, où la population n'atteint pas 40 habitants par hectare.

Travaux utiles.—Pour apprécier équitablement l'administration de M. Haussmann, il faut examiner le degré d'utilité des divers travaux.

Les grands percements ci-après indiqués étaient évidemment commandés par les besoins de la circulation :

Sur la rive droite, la rue de Rivoli, le boulevard Sébastopol, la rue Lafayette, la rue Turbigo, le boulevard Malesherbes et le boulevard Magenta ;

Sur la rive gauche, le boulevard Saint-Michel, le boulevard Saint-Germain et la rue de Rennes.

Ces grands percements, avec les rues accessoires et les voies nouvelles de la banlieue annexée, ont donné lieu à une dépense de 500 millions. C'est la moitié environ de la dépense totale des opérations de voirie.

On a donc dépensé 500 millions pour les voies stratégiques, de luxe ou de spéculation.

Les dépenses extraordinaires concernant la voie publique, les promenades et les plantations, dépasseront 200 millions. Elles s'appliquent pour plus de moitié à des percements que l'intérêt général n'exigeait nullement ou à des entreprises follement conçues, comme les parcs des Buttes-Chaumont et de Montsouris.

Les architectes municipaux ont couvert Paris d'édifices inutiles et de mauvais goût. C'est à peine si, sur un total de 300 millions, on peut considérer comme utilement dépensés 100 millions, affectés à des mairies, des écoles et des établissements de bienfaisance. On a calculé qu'au lieu de construire le nouvel Hôtel-Dieu, il aurait été plus économique de louer un appartement de 2,000 francs pour chacun des malades.

En somme, sur un total de 1,800 millions, c'est à peine si nous trouvons 900 millions de dépenses utiles.

Résultats de la transformation de Paris. — On a constaté que, dans les vingt dernières années, la production industrielle annuelle de Paris s'est élevée de 2 milliards à 6 milliards, et que la valeur des immeubles, qui n'était que de 2 milliards et demi en 1852, s'élève aujourd'hui à 5 milliards.

M. Haussmann attribue ces résultats aux grands travaux. Ses adversaires l'accusent au contraire d'avoir amené ainsi une prospérité artificielle et d'avoir appelé à Paris une armée d'ouvriers dont le licenciement deviendra un péril pour l'ordre public.

On se trompe grossièrement des deux côtés en attribuant à d'aussi petites causes d'immenses effets. Pour s'en convaincre, il suffit de suivre l'accroissement de la population de Paris pendant les cinq dernières périodes quinquennales.

De 1841 à 1846, accroissement de 16 0/0
    1846 à 1851,   »   4 »
    1851 à 1856,   »   20 »
    1856 à 1861,   »   10 »
    1861 à 1866,   »   7 »

Les deux tiers des grands travaux de Paris ont été exécutés de 1861 à 1866, et on remarquera qu'à cette période correspond justement un ralentissement très-marqué dans l'accroissement de la population parisienne.

C'est en réalité dans l'établissement des chemins de fer, dans les conditions nouvelles que les grandes découvertes du dix-neuvième siècle ont faites à l'industrie qu'il faut chercher les causes du mouvement qui porte les populations vers les grandes villes.

Les seuls résultats incontestables des grands percements, c'est d'avoir amélioré la viabilité, d'avoir assaini quelques quartiers et d'avoir par suite diminué la mortalité d'une manière très-appréciable.

III. — L'État doit un milliard à la Ville.

Bases de répartitions des dépenses des voies de Paris entre la Ville et l'État. — Les grandes voies de Paris, les boulevards, les quais, les ponts, les rues principales, ont de tout temps été considérés comme des prolongements des routes nationales, et l'entretien en a été laissé à la charge de l'État.

Pour mettre fin à des difficultés concernant le classement des voies d'intérêt général, un décret du 12 avril 1856 a fixé à moitié la part contributive de l'État dans l'entretien des chaussées, quais, ponts, places publiques, boulevards et rues de toute catégorie.

Quote-part de l'État dans les opérations de voirie. — D'après cette base, la part de l'État dans les dépenses des opérations de voirie, qui s'élèvent à 1200 millions, aurait dû être de 600 millions; elle a été seulement de 95 millions. De ce chef, l'État doit donc à la Ville plus de 500 millions.

On objecte que le Corps législatif n'étant pas intervenu dans l'examen des projets, l'État ne se trouve pas engagé. Mais, lorsqu'on se place sur ce terrain, on est entraîné beaucoup plus loin.

Si le Corps législatif n'a pas été consulté, la Ville l'a-t-elle été? Les députés de Paris n'ont-ils pas toujours réclamé l'élection d'un conseil municipal, et, en repoussant leurs réclamations, le Corps législatif n'a-t-il pas assumé la responsabilité de tous les actes du pouvoir exécutif?

Un conseil municipal élu n'aurait certainement approuvé l'exécution d'aucun des percements qui n'étaient motivés que par des raisons stratégiques, des idées de fausse grandeur ou des manœuvres de spéculation. La dépense aurait été ainsi réduite de 600 millions.

En droit strict, cette somme devrait être laissée entièrement à la charge de l'État, qui aurait en outre à payer 300 millions pour la moitié des dépenses utiles.

Quote-part de l'État dans les autres travaux. — Dans le même ordre d'idées, ne serait-il pas juste de laisser à la charge de l'État les autres dépenses inutiles faites malgré les protestations incessantes des députés de Paris et dépassant 200 millions ?

Le montant total des revendications que la Ville est en droit d'exercer contre l'État atteindrait ainsi 1 milliard.

M. Haussmann a sacrifié les intérêts de la Ville. — Une lourde responsabilité pèse à cet égard sur M. Haussmann.

Représentant le pouvoir exécutif et chargé en même temps de défendre les intérêts de la Ville, juge et partie à la fois, il a complétement sacrifié les intérêts de la Ville à ceux de l'État.

Question délicate des revendications. — La question des revendications sera nécessairement soulevée par le conseil municipal à élire.

Cette question est extrêmement délicate. Elle peut provoquer en province des récriminations passionnées et fournir des armes aux adversaires de la République. Il est du devoir du gouvernement de chercher à l'apaiser.

Nous indiquerons plus loin une solution qui permettrait de venir en aide à la Ville sans imposer de sacrifices à l'État.

IV. — **Réductions à opérer dans les dépenses.**

Principes fondamentaux. — De même que celles de l'État, les attributions des municipalités doivent être réduites au strict nécessaire. Ne pas empiéter sur le domaine de l'activité individuelle, tel est le principe fondamental d'une bonne administration.

C'est en partant de ce principe que nous examinerons les divers articles du budget des dépenses.

Mairie centrale et mairies d'arrondissement. — Aujourd'hui l'organisation des bureaux est tellement compliquée qu'un arrêté ne peut sortir de la Préfecture que huit jours après avoir été rendu. En réduisant les dépenses de moitié, on accélérera l'expédition des affaires. Nous portons donc seulement à ce chapitre 2 millions.

Police. — Sous un gouvernement démocratique, il ne doit pas exister de police politique. Nous réduisons de moitié les dépenses

des commissariats de police et des trois quarts celles concernant les
sergents de ville. Nous ne changeons rien à l'organisation des sa-
peurs-pompiers. De 16 millions, nous ramenons ainsi le budget de la
police à 5 millions.

Instruction publique , établissements de bienfaisance. — Nous
maintenons le chiffre actuel de 20 millions.

Travaux publics. — Le service municipal des travaux publics et
l'entretien des édifices communaux absorbent annuellement 30 millions. L'abandon du système de macadamisage des grandes voies,
l'aliénation des édifices inutiles et d'une partie des terrains des
parcs, permettront de réaliser une économie d'un quart au moins et
de réduire le budget des travaux publics ordinaires à 22 millions.

Services de perception. — Le remplacement de l'octroi par un
impôt direct, dont nous parlerons plus loin, réduirait les frais de
perception des revenus de la Ville à 3 0/0, soit au plus de 4
millions.

Dépenses diverses. — Nous maintenons les allocations concernant
les inhumations, les pensions et secours, et nous portons une
somme d'environ 1 million pour frais imprévus; le montant de ce
chapitre est ainsi de 2 millions.

La garde nationale fait partie de la force publique, et ses dépenses sont à la charge de l'Etat.

La garde de Paris doit être supprimée.

Des associations volontaires doivent subvenir aux frais des cultes.

Enfin, nous croyons qu'il ne pourra être affecté aucune somme
aux fêtes et cérémonies publiques tant que les traces de nos désastres ne seront pas effacées.

Dépense totale. — En résumé, nous pensons que le budget des
dépenses de la ville peut être établi comme il suit :

	Millions.
Dette...	80
Mairies..	2
Police..	5
Instruction publique, bienfaisance.............	20
Travaux publics................................	22
Services de perception.........................	4
Dépenses diverses..............................	2
Total.....................	135

V. — Abolition de l'octroi.

Enormité et inique répartition des droits d'octroi. — L'octroi est le plus impopulaire des impôts; il est à juste titre définitivement condamné par l'opinion publique.

C'est presque exclusivement sur les objets de première nécessité que portent les droits d'octroi, et comme l'ouvrier qui se livre à un travail manuel consomme plus que le riche, il paye davantage. C'est de la progressivité à rebours.

Une famille ouvrière de 5 personnes paye à Paris 300 fr. de droits d'octroi par an. C'est plus de 25 0/0 de son salaire.

Une taxe unique de 0 fr. 20 environ frappe le litre de vin de 0 fr. 10 comme le litre de vin de 5 fr. Dans le premier cas, c'est 200 0/0; dans le second cas, c'est 4 0/0 seulement de la valeur.

Entraves pour le commerce et l'industrie. — En faisant payer à la houille un droit de 7 fr. 20 c. par tonne, soit plus de 25 0/0, il semble que le gouvernement ait voulu rejeter l'industrie hors de Paris.

Indépendamment des droits, les barrières d'octroi sont encore pour le commerce et l'industrie une cause d'entraves qui se traduisent en faux frais considérables.

Difficultés de perception. — Les droits d'octroi sont d'une perception difficile et coûteuse. Ils s'élèvent en France à 11 0/0 en moyenne.

A Paris, en raison de l'énormité des produits, cette proportion s'abaisse à 5 0/0. Mais c'est encore le double de ce que coûterait un impôt direct.

Fraudes. — L'octroi provoque à la fraude, à la fabrication de liqueurs frelatées nuisibles à la santé.

Diminutions des produits de l'octroi dans les crises. — Dans les crises, lorsque les besoins des villes augmentent, les produits de l'octroi baissent dans des proportions considérables.

Objections des partisans de l'octroi. — Les partisans de l'octroi font surtout valoir la difficulté de le remplacer par d'autres taxes.

Nous avons vu qu'à Paris les produits de l'octroi dépassent 100 millions. Les quatre contributions directes donnent à peine 40 millions. Ce n'est donc pas par des centimes additionnels qu'on peut songer à faire face au déficit qu'occasionnerait la suppression de l'octroi. D'un autre côté, les anciens gouvernements, qui ne subvenaient à leurs dépenses qu'au moyen d'emprunts continuels, pouvaient-ils consentir à abandonner aux communes une partie du produit des autres impôts?

Il est certain que toutes les parties d'un système financier s'enchaînent, et que c'est poursuivre une chimère que de réclamer des réformes d'impôts sans s'attaquer à tout le système administratif.

On objecte encore, en faveur du maintien de l'octroi, que, dans les ventes en détail, les prélèvements des intermédiaires dépassent souvent les droits d'octroi.De ce que les marchands de vin prélèvent 0 fr. 30 sur un litre de vin de 0 fr. 10, s'ensuit-il que la Ville doive encore réclamer 0 fr. 20, et porter le prix à 0 fr. 60, au lieu de 0 fr. 40? La suppression des droits d'octroi faciliterait d'ailleurs la création de sociétés de consommation qui réduiraient bientôt à de justes limites les profits des intermédiaires.

Côté politique de la question. — Beaucoup d'économistes reprochent à l'octroi les facilités qu'y trouvent les municipalités pour exécuter de grands travaux qui ont pour résultat de dépeupler les campagnes au profit des villes.

C'est un thème de déclamations dont on a beaucoup abusé dans ces derniers temps. Nous avons vu plus haut que l'accroissement de la population de Paris n'est nullement dû aux grands travaux de M. Haussmann.

Au point de vue politique, nous reprochons à l'octroi de fournir de justes griefs aux classes laborieuses. Comme autrefois, les ouvriers payent encore les impôts de consommation par fractions très-minimes. Mais il n'est plus possible de spéculer sur leur ignorance et de leur cacher l'énormité des charges qu'on fait peser sur eux. La suppression de l'octroi contribuerait puissamment à calmer les passions politiques dans les grandes villes.

Les provinces vinicoles, qui ont en France une importance considérable, voient dans la suppression des octrois un nouveau débouché pour leurs produits. Leurs réclamations ne sont pas moins vives que celles des ouvriers des villes.

VI. — Ressources nouvelles à créer.

Importance des ressources à créer pour maintenir l'équilibre du budget. — Nous avons vu que le montant du budget des dépenses ne peut être réduit à moins de..................... 135 millions.

La suppression de l'octroi réduira les recettes à... 61 »

Le déficit serait ainsi de............ 74 »

Nous avons dit précédemment (1) que l'État peut abandonner aux communes les quatre contributions directes s'élevant, pour Paris, à 40 millions.

Le montant des ressources nouvelles à créer serait ainsi de 34 millions.

(1) Voir 2ᵉ partie, *les Finances de l'État,* page 13.

Taxes nouvelles. — Nous avons insisté plus haut sur l'extrême circonspection avec laquelle on devait procéder en matière de remaniement d'impôts, surtout aux époques de crises politiques.

Mais il s'agit seulement ici de modifier l'assiette d'un impôt existant, en le réduisant de plus de 60 0/0.

Dans ces conditions, il nous paraît facile d'établir des bases de répartition telles que chaque contribuable puisse apprécier l'allégement des charges qui lui incombent.

Les droits d'entrée sur les matériaux de construction peuvent être remplacés par une taxe sur les constructions nouvelles. En ne demandant aux entrepreneurs que 4 millions, au lieu de 12 millions qu'ils payent aujourd'hui, on est certain de ne pas froisser leurs intérêts.

Il reste à se procurer 30 millions.

Doit-on recourir à des centimes additionnels sur les contributions directes? Après un certain temps, les propriétaires, les patentés feraient retomber l'augmentation de charges sur les locataires et sur les consommateurs. Mais ils se trouveraient d'abord brusquement en présence d'une aggravation considérable de charges, et on aurait créé à la République un grand nombre d'adversaires très influents.

Il nous semble préférable de s'adresser directement aux consommateurs, en basant la nouvelle taxe sur les loyers.

Dans une démocratie, il faut que chaque citoyen paye sa part d'impôts. Mais, comme on l'a fait remarquer, pour les consommations des classes pauvres, la suppression de l'octroi profitera surtout, dans les premiers temps, aux intermédiaires. Le taux de la contribution doit donc être très-faible pour les petits loyers.

Aux classes moyennes habitant des appartements de 1,000 à 1,500 francs, on peut demander les 2/3 de l'économie qu'elles réaliseront.

Enfin, les riches, jusqu'ici très-favorisés, doivent payer au moins autant qu'aujourd'hui.

En se basant sur ces principes, on pourrait fixer comme il suit la taxe de consommation (1) :

---

(1) Pour éviter les anomalies qui résultent des formules à échelons de l'administration des contributions directes, on pourrait appliquer la formule suivante :

$$t = l \cdot \frac{l}{7000 + l}$$

dans laquelle t exprime la taxe et l le loyer.

Pour un loyer de 7,000 fr., la taxe atteindrait la moitié du loyer.

Loyer de 200 fr., 4 0/0 du loyer.
      400 fr., 6   »
      800 fr., 12   »
   1,200 fr., 15   »
   2,500 fr., 27   »

D'après la statistique des loyers, le produit de la taxe serait :

Pour 250,000 logements de	200 fr. payant	6 fr.	1,500,000 fr.
200,000 —	400 —	24	4,800,000
50,000 —	800 —	96	4,800,000
30,000 —	1,200 —	180	5,400,000
20,000 —	2,500 —	625	13,500,000
		Total........	30,000,000 fr.

Une famille de quatre ou cinq personnes habitant un logement de 1,200 fr. paye aujourd'hui de 250 à 300 fr.; elle payera 50 0/0 de moins.

La charge deviendra lourde pour les grandes fortunes; mais c'est là qu'est la justice.

VII. — Achèvement des grands travaux.

Besoins de la circulation. — Pendant qu'on consacrait 600 millions à des percées inutiles, la circulation devenait impossible, à certaines heures de la journée, dans quelques rues complétement encombrées, et la voix publique appliquait à plusieurs points la dénomination sinistre de *carrefours des écrasés.*

Il y a là pour la République une tâche de premier ordre à remplir.

Intérêts engagés. — De nombreuses entreprises ont été créées en vue de la continuation des travaux commencés. Sur les voies en cours d'exécution, un temps d'arrêt prolongé serait une cause de ruine pour une foule de commerçants et d'industriels.

Question politique. — La crise nous a surpris au milieu d'un immense développement d'affaires. Nous devons nous attendre à une liquidation terrible, si nous ne trouvons le moyen de venir efficacement en aide à l'industrie.

Quand le bâtiment va tout va : ce dicton populaire nous indique la marche à suivre pour conjurer le danger.

300,000 ouvriers vont se trouver sans ouvrage. Au lieu de suivre l'exemple de 1848 et de créer des ateliers nationaux, dont le licenciement deviendrait un péril pour la société, ne vaut-il pas mieux entreprendre des travaux utiles et agir ainsi directement sur toutes les industries ?

Travaux urgents. — L'opinion publique s'est prononcée sur le degré d'urgence des travaux à exécuter :

Boulevard Saint-Germain et rue de Rennes,

Rue Réaumur,

Percées destinées à assurer le dégagement de la place de la Bastille.

A côté de ces travaux dont l'utilité est incontestable, faut-il placer le boulevard Victor-Hugo (anciennement Haussmann) et l'avenue qui doit relier le nouvel Opéra au Théâtre-Français? Si ces deux voies n'étaient pas entamées, nous n'hésiterions pas à nous prononcer pour la négative. Mais, au point où en sont les choses, il est difficile de s'arrêter.

Voies et moyens. — La dépense à laquelle donneront lieu ces travaux ne peut pas être évaluée à moins de 390 millions.

Comment faire face à cette dépense?

L'Etat doit un milliard à la ville. S'il est impolitique de réclamer cette somme, nous ne croyons pas que la province s'émeuve beaucoup d'un échange d'immeubles qui permettrait d'aliéner au profit de la ville une partie des dépendances des palais nationaux.

Au risque de provoquer les clameurs des monarchistes, voici donc ce que nous proposons :

Abandon à la ville de tous les palais nationaux ;

Cession à l'Etat de tous les édifices communaux inutiles, casernes, établissements hospitaliers (1), pour les convertir en lycées, écoles, etc.;

Installation des services hospitaliers dans les palais de Versailles, Compiègne, Fontainebleau, etc.;

Aliénation au profit de la ville des dépendances inutiles des Tuileries, des châteaux de Saint-Cloud et de Meudon, et d'une partie des immeubles de l'assistance publique.

Nous ne pouvons entrer dans l'examen détaillé des aliénations à faire. Il nous suffira de dire que, sans enlever à aucun quartier l'air et la lumière, en comblant de grands vides qui isolent certains quartiers et les condamnent à végéter indéfiniment, la ville pourrait facilement réaliser les sommes nécessaires pour exécuter les travaux dont l'urgence est reconnue.

---

(1) Nous confondons à dessein les intérêts de la Ville avec ceux de l'Assistance publique, qui n'est en réalité qu'une dépendance de la mairie de Paris.

QUATRIÈME PARTIE

—

RÉSUMÉ

Principes de la science gouvernementale. — L'État gère très mal les affaires qui lui sont confiées. En affaiblissant le ressort de l'initiative individuelle, l'intervention administrative exerce d'ailleurs une influence funeste sur les destinées d'une nation.

Réduire les attributions de l'État au strict nécessaire, laisser au département, à la commune, au citoyen, la plus grande liberté possible, tels sont les vrais principes de la science gouvernementale.

La question sociale. — C'est surtout dans les rapports si délicats du capital et du travail qu'il faut éviter de faire intervenir l'État.

Sous un régime de liberté, la répartition des produits s'opérera naturellement d'une manière équitable. Ce qu'il faut chercher, c'est le moyen d'augmenter la production.

A ce point de vue, le salariat, qui supprime la responsabilité individuelle, est un mode de rémunération vicieux. Les coalitions, les grèves ne peuvent améliorer en rien la situation des classes laborieuses.

Malgré de nombreuses causes d'insuccès, beaucoup d'associations ouvrières ont pu prospérer. Il y a évidemment là un principe fécond.

Les banques populaires peuvent aussi, dans une certaine mesure, répondre aux aspirations des travailleurs.

Mais l'industrie moderne exige des capitaux de plus en plus considérables, et c'est surtout de l'association du capital et du travail qu'on peut attendre la solution du problème social.

Nous avons passé en revue les divers systèmes de socialisme autoritaire. Le vice radical de tous ces systèmes, c'est d'amoindrir la liberté individuelle. Mais qu'on ne commette pas la faute d'étouffer les doctrines communistes ! La persécution a toujours été leur principal élément de vitalité.

Les finances de l'Etat. — Rallier les paysans à la République en réduisant les charges qui pèsent sur la propriété foncière ; calmer les agitations des ouvriers en supprimant les impôts de consommation les plus odieux : tel est le problème dont la solution devient si difficile en présence d'une situation horriblement obérée.

En supprimant l'armée permanente et la diplomatie, dont l'impuissance est si complétement démontrée, en cessant de faire intervenir l'administration dans les cultes, les beaux-arts, l'agriculture, le commerce et l'industrie, on parviendra à réduire le budget de 2 milliards à 1170 millions.

On atteindra ainsi un double but. Échappant à l'action énervante de l'administration, la nation reprendra sa virilité. Exonérés de l'impôt du sang et des charges qui leur sont le plus odieuses, dix millions de paysans et d'ouvriers se rattacheront d'une manière définitive au principe républicain.

La liquidation de l'Empire. — Le deuxième Empire a coïncidé avec une période de prospérité générale due aux grandes découvertes du dix-neuvième siècle. Napoléon III a su s'attribuer un développement industriel que sa triste politique n'a fait qu'entraver, comme Napoléon Ier avait su accaparer à son profit les victoires des vieilles armées de la République. N'est-il pas à craindre qu'on oublie Sedan comme on a oublié Waterloo ?

Pour éviter ce danger, nous indiquons un système de liquidation qui rappellera pendant longtemps aux populations les conséquences de notre folie.

Les finances de Paris. — Une crise effrayante menace Paris, où trois cent mille ouvriers vont se trouver sans ouvrage.

Il faut immédiatement assurer la reprise du travail, tout en abolissant l'octroi, le plus inique et le plus impolitique des impôts.

Au remplacement de l'octroi, nous appliquons les produits des contributions directes abandonnés par l'État et une taxe nouvelle de consommation basée sur les loyers.

Nous reprenons les grands travaux dont l'urgence est reconnue, et nous rendons ainsi la vie à toutes les industries.

Pour faire face aux dépenses extraordinaires des grands travaux, nous aliénons au profit de la Ville une partie des dépendances inutiles des palais nationaux.

La vengeance. — Nous avions follement livré nos destinées à des mains ineptes. Les Allemands ont profité de notre aveuglement.

Nous n'avons pas même le droit de nous plaindre.

Nous désapprouvons donc les jérémiades de nos hommes politiques et leurs allusions à de nouvelles luttes.

Nous avons un moyen sûr de prendre une éclatante revanche, c'est d'organiser solidement une République autour de laquelle viendront s'agglomérer tous les peuples jaloux de leur dignité et de leur liberté.

FIN

Paris. — Typ. Rouge frères, Dunon et Fresné, rue du Four-Saint-Germain, 43.

www.ingramcontent.com/pod-product-compliance
Lightning Source LLC
Chambersburg PA
CBHW061334050726
47595CB00005B/1919